BEI GRIN MACHT SICH IHR WISSEN BEZAHLT

Fabian Prilasnig

Das Bild des Günter Grass über die DDR

GRIN Verlag

Bibliografische Information der Deutschen Nationalbibliothek:

Die Deutsche Bibliothek verzeichnet diese Publikation in der Deutschen National-
bibliografie; detaillierte bibliografische Daten sind im Internet über http://dnb.d-
nb.de/ abrufbar.

Impressum:

Copyright © 2013 GRIN Verlag GmbH
Druck und Bindung: Books on Demand GmbH, Norderstedt Germany
ISBN: 978-3-656-60018-3

Dieses Buch bei GRIN:

http://www.grin.com/de/e-book/269015/das-bild-des-guenter-grass-ueber-die-ddr

GRIN - Your knowledge has value

Der GRIN Verlag publiziert seit 1998 wissenschaftliche Arbeiten von Studenten, Hochschullehrern und anderen Akademikern als eBook und gedrucktes Buch. Die Verlagswebsite www.grin.com ist die ideale Plattform zur Veröffentlichung von Hausarbeiten, Abschlussarbeiten, wissenschaftlichen Aufsätzen, Dissertationen und Fachbüchern.

Besuchen Sie uns im Internet:

http://www.grin.com/

http://www.facebook.com/grincom

http://www.twitter.com/grin_com

Das Bild des Günter Grass über die DDR

Prolog:

In den Unterscheidungen zwischen dem bloßen ICH, dem zur Fiktion werdenden ICH und dem zeitgenössischen ICH verbirgt sich eine Absage an eine deutsch-bürgerliche Tradition, die einmal mit Goethes Dichtung und Wahrheit ihren Anfang nahm. Grass vertraut nur unter extremen Vorbehalt einer direkten Aussagekraft seines ICH, das nur in seinen zeitgenössischen Bezügen als ICH eine Realität gewinnt, die sowohl literarisch standhält als auch allgemeine Bedeutung haben kann.[1]

Der Schriftsteller Grass verwirklicht seine Legitimation als zeitgenössisches ICH und er sieht sich als Schriftsteller in seinem Vermögen berufen, sich schreibend, erzählend der Zeitgenossenschaft bewusst zu machen und solches Bewusstsein den Lesern zu vermitteln. „Er sieht sich selbst abhängig stehen in der Geschichte, und in der Möglichkeit, sich dessen exemplarisch zu vergewissern, hat er die einzige Möglichkeit erkannt, sich gegen solche Abhängigkeit auch aufzulehnen."[2]

Günter Grass – eine Biographie der Jahre 1946 bis 1966

Aus dem Krieg und der Gefangenschaft entlassen, blieb ihm, da er nicht wusste, wo seine Eltern waren, nichts übrig als umherzuziehen, auf der Suche nach irgendetwas, nach Essbarem vor allem. Er arbeitet eine Zeit lang bei Bauern, ging dann ins Saarland und machte in Göttingen den Versuch wieder zur Schule zu gehen. Er entschied sich, in der Nähe von Hannover in den Kalibergwerk zu gehen, und dieses Jahr hatte seine literarischen Folgen gehabt, was sich später in seinem Roman *Hundejahre* wiederspiegelt. Die Arbeit im Kalibergwerk hatte

---

[1] Vgl. Vormweg, Grass, S. 22.

[2] Ebd., S. 23.

Grass aufgegeben, als er erfuhr, wo sich seine Eltern und Schwester befanden. Anfang Dezember 1946 hatte er sie unter erbärmlichen Umständen wiedergesehen. Jetzt bei den Eltern fasste er den Entschluss, Bildhauer zu werden, was Streit mit sich brachte, da sein Vater ihn als Bürolehrling unterbringen wollte.[3]

Im Jahre 1947 begann er mit einer Steinmetzlehre in Düsseldorf und absolvierte von 1948 bis 1952 das Studium der Bildhauerei und Graphik bei Sepp Mages und Otto Pankok an der Kunstakademie Düsseldorf. Der Steinmetzmeister verschaffte ihm eine Schlafstelle im katholischen Caritas-Heim, in dem Lehrlinge, Studenten und alte Leute untergebracht waren. Bis 1951 hatte er dort gewohnt, meistens mit zehn Leuten in einem Raum, dann erst hatte er sich ein erstes eigenes Zimmer leisten können, ein leeres Badezimmer. Bis in die Gegenwart belastete Grass die Erinnerung an ein Leben ohne jede Möglichkeit, allein zu sein. Im Jahre 1951 machte er eine Reise nach Italien und im Frühjahr 1952 unternahm er eine Autostoppreise kreuz und quer durch Frankreich. Zu Beginn des Jahres 1953 übersiedelte Grass nach Berlin und begann mit dem Studium an der Hochschule für Bildende Künste als Schüler von Karl Hartung.[4]

Ein Jahr später heiratete er die Schweizer Ballettstudentin Anna Schwarz und begann mit seiner literarischen Tätigkeit. Zu dieser Zeit strebte der Wiederaufbau in der Bundesrepublik unaufhaltsam dem Wirtschaftswunder entgegen und die Ära Adenauer war auf der Hochebene ihres Erfolges bereits angelangt. Die Dichter und Schriftsteller im Land allerdings hatten mitten in jenem Jahrzehnt der deutschen Nachkriegsliteratur, in dem vor allem die Lyrik florierte, vorerst andere Probleme. Im Jahre 1955 kam es zur ersten Veröffentlichung eines Gedichtes von Günter Grass im Heft 3 der *Akzente – Zeitschrift für Dichtung* und er nahm an einem Lyrikwettbewerb des

---

[3] Vgl. Vormweg, Grass, S. 27ff.

[4] Vgl. ebd., S. 32f.

Süddeutschen Rundfunks teil, bei dem er den dritten Preis bekam. Außerdem wurde er Mitglied der Gruppe 47, die auf den besten Weg war, zum Motor der Literaturszene zu werden.[5]

Die Zeitschrift *Akzente*, die ein Jahr nach ihrer Gründung schon zur repräsentativen Literaturzeitschrift der Bundesrepublik geworden war, stand Grass nun offen und schon im Heft 6 des Jahrganges 1955 erschienen weitere Gedichte und sein Prosastück *Meine grüne Wiese.* Des Weiteren hatte er seinen Verlag gefunden, sodass die Zusammenarbeit mit dem Luchterhand Verlag begann, der 1956 den Gedichtband *Die Vorzüge der Windhühner* herausgab, von dem 700 Exemplare bis 1959 verkauft wurden. „Grass hat in seinem ersten Gedichtband mit kräftigen und weichen Strichen eine schöne, doch nicht gefahrlose Bilderbuchwelt entworfen und in trockenen Farben ausgemalt, und sie ist schon deshalb nicht kunstgewerblich, weil ihre Eigenart als sinnlich faßliche und dennoch entrückte Bilderbuch- und Wunschwelt aus allerdings realen Versatzstücken nicht einen Augenblick lang in Vergessenheit gerät."[6]

In seinen frühen Arbeiten ist die Bildphantasie des Zeichners und des Poeten identisch, und die Ambivalenzen seiner Bilderwelt hat Grass Mitte der 1950er Jahre einfallsreich in immer anderen Konstellationen durchgespielt. Von seinen frühen Stücken zwischen 1954 und 1961 blieben einige unveröffentlicht, wobei sich von einer kontinuierlichen Produktion noch nicht reden lässt. Seine Artistik, die ihn auf unbestimmte Art unbefriedigt ließ, war nicht nur Höhepunkt und Abschluss seiner literarischen Inkubationszeit, nach der etwas anderes, das eigentliche Werk einsetzt. „Wiederherstellung und die immer überlegenere Variation der modernen literarischen Standards, ihre Fortentwicklung in den Literaturen fremder Sprachen eingeschlossen – das waren ohne Zweifel noch immer die Konstanten der deutschen Nachkriegsliteratur."[7] Grass setzte alles

---

[5] Vgl. Vormweg, Grass, S. 35f.

[6] Ebd., S. 37.

[7] Ebd., S. 39.

daran, über sie hinauszugelangen und er war einer der ersten, für seine Generation zweifellos der erste.

Anfang 1956 ging Grass mit seiner Frau Anna nach Paris, die ihre Ballettausbildung dort weiterführen wollte, und hatte die Intention, ein „dickes" Buch zu schreiben, nachdem er sich entschlossen hatte, die Ausbildung an der Hochschule für Bildende Künste in Berlin abzubrechen. Im Jahre 1957 kamen seine Zwillinge Franz und Raoul zur Welt und sein Stück *Hochwasser* wurde in Frankfurt uraufgeführt. Ein Bündel von Antrieben hielten Grass an, etwas von sich zu fordern, etwas zu versuchen, von dem es in der Literatur der zweiten Hälfte der 1950er Jahre kaum etwas gab. „Wirklichkeit, insbesondere die jüngste zeitgeschichtliche Wirklichkeit der Nazi-, Kriegs- und Nachkriegszeit war damals zwar nicht völlig ausgeblendet, doch sie blieb verschleiert."[8]

So schrieb er an seinem Roman *Die Blechtrommel*, der die Geschichte des 1924 in Danzig geborenen Sonderlings Oskar Matzerath erzählt. Im Frühjahr 1958 unternahm er eine Reise nach Polen, wo er seine Heimatstadt Danzig besuchte, und im selben Jahr erhielt er nach einer Lesung aus diesem Roman einen Preis der Gruppe 47 auf der Tagung in Allgäu. Im Jahre 1959 wurde der Roman *Die Blechtrommel* veröffentlicht, der sich zum Kassenschlager entwickelte. Nach Erscheinen dieses Romans wurde der Autor vielstimmig als Nihilist mit Neigung zur Pornographie und Gotteslästerung beklagt. Pornographie, Blasphemie und Nihilismus waren nur Worte der 1950er Jahre für einen den finsteren großen Zeiten des Nationalsozialismus und ihren lang anhaltenden Nachwehen angemessenen Realismus. „Um 1960 galt Günter Grass als Begründer einer neuen grotesken Literatur. Wiedergelesen, erweist *Die Blechtrommel* sich längst als ein rabiat realistischer und Aufklärung suchender

---

[8] Vormweg, Grass, S. 46.

Roman, in dem eine groteske Hauptfigur und einige groteske Bildmuster den Griff nach der schockierenden Realität, die er mitteilt, ermöglichen."[9]

Nach Abschluss des Romans *Die Blechtrommel* erlitt Grass einen gesundheitlichen Einbruch, sodass sich die Familie Grass entschloss, Anfang 1960 von Paris nach Berlin zurückzukehren, und noch in demselben Jahr erschien sein Gedichtband *Gleisdreieck* mit eigenen Zeichnungen. Im Herbst 1961 erschien die Novelle *Katz und Maus* und musste sich ein Jahr später gegen den Antrag behaupten, die Novelle in das Verzeichnis jugendgefährdender Schriften aufzunehmen. Wie schon zuvor beim Roman *Die Blechtrommel* wurden Stimmen laut, die „erneut mit Empörung von Pornographie, Obszönität, Amoral, schamlosen Schweinereien, lästerlicher Blasphemie sprachen."[10] Im selben Jahr wurde seine Tochter Laura geboren und es kam zur ersten Begegnung mit Willy Brandt, das den Beginn seines Engagements für die SPD markierte.

Im Jahre 1963 wurde er an die Berliner Akademie der Künste berufen und sein Roman *Hundejahre* erschien, der die *Danzinger Trilogie* abschloss. Mit Erscheinen dieses Romans war Grass als deutscher Schriftsteller von internationalem Rang fest etabliert. „Innerhalb von vier Jahren hatte Grass mit der Danzinger Trilogie ein allen Konventionen der fünfziger und frühen sechziger Jahre widersprechendes, riesiges Erzählwerk vorgelegt, das die literarische Landschaft provozierend dominierte, Produkt eines Zusammenpralls von Erzählkunst und Geschichte, wie er schon niemandem mehr vorstellbar gewesen war."[11]

Der Erzähler Grass war ein Mann aus dem Volk, aus dem unbekannten Kleinbürgertum, der unverstellt in Projektionen eigener Erfahrung und Bildern kollektiver Zustände Einblicke gab in die Lebensrealität des Kleinbürgertums,

---

[9] Vormweg, Grass, S.63.

[10] Ebd. S. 67.

[11] Ebd., S. 78.

jener breitesten Schicht in Deutschland, die vom Nationalsozialismus wie keine andere verführt und missbraucht worden ist. „Das Außerordentliche der Danzinger Trilogie war und ist, daß Grass sich, zurückblickend, nicht täuschen ließ und Selbsttäuschung nicht zuließ, sondern auf dem bestand, was tatsächlich war, vor allem auch in den Gemütern und Köpfen."[12]

Das Jahr 1965 war durch seine erste große Wahlkampfreise für die SPD und durch die Geburt seines Sohnes Bruno gekennzeichnet. Außerdem wurde ihm in Darmstadt der Georg-Büchner-Preis verliehen und er nahm diesen Anlass wahr, in einer furiosen Rede *Über das Selbstverständliche* seiner Enttäuschung über die damalige Wahlniederlage der SPD Luft zu machen. Im Jahre 1966 wurde sein bekanntestes Theaterstück *Die Plebejer proben den Aufstand* in Berlin uraufgeführt, in dem der Arbeiteraufstand des 17. Juni 1953 in der DDR und die Rolle der marxistischen Intellektuellen thematisiert werden. Des Weiteren unternahm er auch Reisen in die USA, die Tschechoslowakei und nach Ungarn.[13]

Günter Grass – seine Beziehung zur DDR

Im Jahre 1949, dem Jahr der Gründung der DDR, die sich als „sozialistischer Staat der Arbeiter und Bauern" verstand, absolvierte Grass gerade das Studium der Bildhauerei und Graphik in Düsseldorf. Im August des Jahres 1961, dem Jahr des Baues der Berliner Mauer, protestierte Grass scharf gegen den Mauerbau und schrieb offene Briefe an die DDR-Schriftstellerin *Anna Seghers* und an den DDR-Schriftstellerverband. Daraufhin begann die systematische Stasi-Überwachung des Schriftstellers und bis zum Ende der DDR war Grass bei den Oberen nicht gern gesehen. Da er aufrechter Sozialdemokrat blieb, bedeutete das in der DDR, die auf der Ausschaltung aller Sozialdemokratie beruhte, die Einstufung als Staatsfeind. Er propagierte die These von der

---

[12] Vormweg, Grass, S. 79.
[13] Vgl. ebd., S. 84f.

„Einheit der deutschen Kulturnation" und setzte sich aktiv für uneingeschränkte Menschenrechte, Meinungs- und Informationsfreiheit ein. Seit 1980 hatte daher Grass Einreiseverbot in die DDR, das aber aus Opportunitätsgründen immer wieder mal aufgehoben wurde.[14] Im Jahre 1966 wurde sein bekanntestes Theaterstück *Die Plebejer proben den Aufstand* in Berlin uraufgeführt, in dem der Volksaufstand des 17. Juni 1953 in der DDR, der von sowjetischen Truppen niedergeschlagen wurde, und die Rolle der marxistischen Intellektuellen thematisiert werden.

Außerdem organisierte Grass gemeinsam mit Hans Joachim Schädlich und Bernd Jentzsch seit 1974 eine Reihe von deutsch-deutschen Schriftstellertreffen in Ostberliner Privatwohnungen, wobei er in dieser Gruppe der anerkannte Meister, von beharrlicher Freundlichkeit und obendrein selbstironisch war. Grass wurde durch seinen Ruhm geschützt, aber auch andere agierten ohne Angst. So erzählte die Lyrikerin *Elke Erb* über die Treffen in den 1970er Jahren: "Ich bin zu diesen Runden immer gern gegangen. Wir brauchten keinen Mut, um uns dort zu treffen, wir hatten einen gestiegenen Zorn in uns, die Mutfrage spielte eigentlich keine Rolle mehr. Die Stasi haben wir nicht mehr ernst genommen, nicht mehr beachtet. Das Regime hatte längst seinen Kredit eingebüßt, seine Hoheit verspielt. Wir fragten uns, warum kümmern die sich nicht um die wirklich wichtigen Dinge im Land, um Korruption, um alles, was in der Produktion nicht klappte, wieso beschäftigen die sich so mit uns. Die Regierung und die Partei waren ja viel wichtiger, die Stasi ist ja erst im Nachhinein so hochgespielt worden." Während seinen Lesereisen von 1987 bis 1989 durch die DDR wurde er von der Stasi immer genau beobachtet.[15]

---

[14] Siehe www.sueddeutsche.de/politik/guenter-grass-und-die-ddr-der-falsch-verstandene-1.13870 (Zugriff: 15.05.2013)

[15] Siehe www.sueddeutsche.de/politik/guenter-grass-und-die-ddr-der-falsch-verstandene-1.13870-2 (Zugriff: 15.05.2013)

Im Jahre 1976 gründete Grass mit Heinrich Bröll, Carola Stern und Johano Strasser die Zeitschrift *L'76*, die die Tradition der verbotenen tschechischen Zeitschrift *Literari Listi* fortsetzen, in der vor dem Prager Frühling ein demokratischer Sozialismus diskutiert wurde, und vor allem für Dissidenten aus Osteuropa ein Forum schaffen sollte. Grass wurden die umgekehrten Ansätze zu einer freiheitlichen Reform des real existierenden Sozialismus immer wertvoller, und er wollte nicht, dass diese Denkansätze in Ermangelung eines geeigneten Forums verkümmerten. Im Rückblick meinte er: „Gerade weil wir uns als eine Zeitschrift für den demokratischen Sozialismus definierten, griffen wir die Probleme der Staaten der Dritten Welt auf, zeigten wir uns als Gegner des sowjetischen Panzerkommunismus, waren uns Themen wie Menschenrechte und Datenschutz wichtig, sollten die bestehenden ideologischen Positionen einer ständigen Revision unterzogen werden."[16]

Die politischen Veränderungen in den 1980er Jahren führten zu einer Radikalisierung seiner politischen Ansichten und revidierte Positionen, die er zum Teil seit Jahrzehnten verteidigte. In den USA wurden im November 1980 Ronald Reagan zum Präsidenten und in Bonn 1982 Helmut Kohl zum Bundeskanzler gewählt, die er beide regelrecht verachtete. Die Berichte der von Willy Brandt geleiteten Nord-Süd-Kommission machten die wachsende Verelendung der Dritten Welt deutlich, von der er sich auf seinen Asienreisen selbst überzeugen konnte, und belegten die ökologische Katastrophe. Die Nato-Nachrüstung mit Mittelstreckenraketen stockte die Atomarsenale weiter auf, während die USA am atomaren Erstschlag festhielten – eine Strategie, die er im Frühjahr 2012 in seinem Gedicht *Was gesagt werden muss* nochmals angegriffen hat.[17] Grass engagierte sich daher auf den Schriftstellertreffen in der ersten Hälfte der 1980er Jahren für eine Friedensbewegung. Entgegen den

[16] Neuhaus, Grass, S. 299.
[17] Vgl. ebd., S. 306f.

offiziellen Verlautbarungen der DDR, ihre Regierung sowie die Volksarmee stellten bereits die Friedens- und Umweltbewegung dar, forderte er auch dezidiert die Duldung von Friedensbewegungen an der Basis, wie sie sich in den USA und der Bundesrepublik formiert hatten. Als der Bundestag im November 1983 über eine Nachrüstung debattierte, versuchte Grass, mit einem Manifest Einfluss zu nehmen: „Keine neuen Raketen sind hierzulande gefragt, wohl aber ein wirksames Arbeitsbeschaffungsprogramm. Wenn Sie den Frieden sicherer machen wollen, dann fahren Sie fort, mit der DDR ein gesamtdeutsches Umweltschutzabkommen zu erarbeiten, damit [...] nicht auch der Wald und die Flüsse sterben."[18]

Als der Bundestag die Stationierung von Mittelstreckenraketen mehrheitlich beschloss, verzweifelte Grass an den Möglichkeiten des parlamentarischen Systems und griff erstmals zu den Mitteln der außerparlamentarischen Opposition. Auf dem Heilbronner Schriftstellertreffen im Dezember 1983, an dem die DDR-Schriftsteller nicht mehr teilnehmen durften, rief er zum gewaltlosen Widerstand gegen das neue Raketensystem auf.[19] Sein Konzept eines „dritten Weges" zwischen dem menschenverachtenden Monopolkapitalismus und dem menschenfeindlichen Staatskapitalismus, der sog. demokratische Sozialismus, wurde von ihm im Mai 1983 nochmals definiert als gegen beide Ideologien gleichermaßen gerichtet. Als er Anzeichen dieses „dritten Weges" nicht nur in Polen, sondern auch in Nicaragua sah, wandelte er sich zum Revolutionstouristen.[20]

Sein exzellentes Leumundszeugnis, das er den Sandinisten in Nicaragua ausstellte, wurde nicht nur in Deutschland, sondern auch in Südamerika selbst heftig kritisiert. An seiner Nicaragua-Reise entflammte auch die weltweit beachtete Kontroverse mit dem gleichfalls in der Politik engagierten

---

[18] Neuhaus, Grass, S. 308.

[19] Vgl. ebd., S. 308f.

[20] Vgl. ebd., S. 310f.

peruanischen Schriftsteller *Maria Vargas Llosa.* Zu Beginn des Jahres 1986 gerieten beide auf dem PEN-Kongress in New York persönlich aneinander, wobei Llosa undifferenziert behauptete, im sozialistischen Lager gebe es nur Hofschriftsteller oder Dissidenten, während Grass betonte, dass es auch oppositionelle Sozialisten gebe. Im Sommer 1986 brach der Streit auf dem internationalen PEN-Kongress in Hamburg erneut auf, und als Llosa eine Diskriminierung Südamerikas erahnte, war der Bruch perfekt. Dies hatte aber weniger geographische als grundsätzliche politische Gründe, wie Grass in einem Bericht über seine Kubareise 1993 deutlich machte, in dem er das verschriene Kuba für seine beispielhafte, sozial gerechte Fürsorge lobte. Dabei müsse man unübersehbare Mängel wie z.b. die Verfolgung oppositioneller Schriftsteller in Kauf nehmen, zumal in dem nordamerikanischen Interesse verpflichteten Staaten wie z.b. Südkorea ein weit größeres Unrecht herrsche.[21]

Im Jahre 1989 führten Massenproteste der Bürger in Ostberlin zum Fall der Berliner Mauer (am Abend des 9. Novembers) und kaum ein Jahr später, am 3. Oktober, kam es zur Wiedervereinigung und damit zum Ende der DDR. Erst nach ihrem Ende fand Grass das einzige positive Wort, das er jemals über die DDR verloren hatte: „Gewaltfrei gab sich der ostdeutsche Staat auf. Was alles ihm an Unrecht anzulasten ist und wie wenig Gründe sich finden, der DDR Gutes nachzusagen, diese zum Schluß verdienstvolle Haltung sollte unbestritten sein; der Volksarmee und der Volkspolizei sowie ihrer damaligen Führung ist es zu verdanken, daß nicht geschossen wurde."[22] Im Jahre 1997 blickte Grass in seiner *Rede über den Standort* im Rahmen einer Vortragsreihe auf seine Haltung nach dem Mauerfall zurück: „Ich widersprach der westlichen Regierungsabsicht, die Vereinigung der beiden Staaten einzig über den Beitrittsartikel 23 zu vollziehen und den das Grundgesetz abschließenden Artikel 146 zu mißachten.

---

[21] Vgl. Neuhaus, Grass, S. 313ff.

[22] Ebd., S. 335.

Ich sagte voraus: So formal und papieren praktiziert, werde der Beitritt zum Anschluß verkommen. […] Ich schlug einen verlangsamten, zur Behutsamkeit einladenden Weg der Einigung zwischen den Deutschen vor, verbunden mit einer Zielvorstellung: Nicht eine vergrößerte Bundesrepublik, sondern etwas Neues, ein Bund deutscher Länder, möge entstehen und so das Beste, das wir haben, den Föderalismus, stärken."[23]

Aus seinem 2009 veröffentlichten Tagebuch *Unterwegs von Deutschland nach Deutschland* geht hervor, wie sehr er sich in dieser Umbruchzeit vor allem in der SPD für einen neuen „Deutschen Bund" einsetzte. Mit seiner ökonomischen Kritik an dem sog. Ausverkauf der DDR sollte er leider Recht behalten, denn die wirkliche Entwicklung verlief ganz anders wie gewünscht und dabei für Grass durchaus nicht „vernünftig".[24] Ausgerechnet sein politischer Mentor Willy Brandt formulierte strahlend jenen Slogan, den Grass eben nicht wollte: *Nun wächst zusammen, was zusammengehört.* Diesem Bild vom organischen Wachsen setzte er kritisch das des unkontrollierten Wucherns entgegen. „In seiner Rede zu Brandts zehntem Todestag in dessen Vaterstadt Lübeck, das zugleich ihm zur Wahlheimat geworden war, lässt Grass auch diese größte Differenz, die er je mit seinem politischen Mentor gehabt hat, versöhnlich ausklingen: Die ‚von Willy Brandt entwickelten Konzepte' gilt es, ‚in seiner visionären Kraft' fortzuführen, ‚es gilt, die deutsche Einheit zu vollenden, damit doch noch ‚zusammenwächst, was zusammengehört'."[25]

<u>Günter Grass – seine Beziehung zu Willy Brandt</u>

Beide haben das Deutschland von heute wesentlich mitgeprägt, jeder auf seine Art und Weise. Der Politiker Willy Brandt und der Schriftsteller Günter Grass, beide Nobelpreisträger, waren befreundet und haben auch kooperiert. Da nur

---

[23] Neuhaus, Grass, S. 336.

[24] Vgl. ebd., S. 339ff.

[25] Ebd. S. 342.

noch der 85-jährige Günter Grass am Leben ist, hat er nun Gelegenheit, über seine Beziehung zu Willy Brandt zu räsonieren. In seinen Briefen an Willy Brandt geißelte er lieber andere für deren NS-Vergangenheit, außerdem wollte er ihn auch davon abhalten, Mitte der 1960er Jahre als Juniorpartner in eine große Koalition unter dem ehemaligen NSDAP- Mitglied Kurt Georg Kiesinger einzutreten. Jedoch folgte Brandt dem Ansinnen nicht. Grass engagierte sich in den 1960er Jahren in SPD-Wahlkämpfen, auch in jenem, der Willy Brandt ins Kanzleramt führte. Er schrieb oft an Brandt, wobei dieser wesentlich weniger oft zurückschrieb, aber höflich für so manche Anregung dankte. Brandts berühmter Slogan "Mehr Demokratie wagen" soll auf eine Anregung von Günter Grass zurückgehen. Völlig konträr lassen Brandt und Grass sich aber nach dem Fall der Berliner Mauer vernehmen. Während Grass gegen die deutsche Vereinigung war und zwei deutsche Staaten in Konföderation belassen wollte, sah der Politiker Brandt hingegen mit der Vereinigung einen Lebenstraum vollendet. Günter Grass ist 1992 aus der SPD aufgrund der Asylpolitik ausgetreten. Der Briefwechsel zwischen Günter Grass und Willy Brandt wurde nun vom Steidl-Verlag veröffentlicht, auf 1.200 Seiten ist die Konversation des ungleichen Paares nun in Buchform zu finden. [26]

Günter Grass – ein altmodischer Schriftsteller?

In einer frühen Rezension des Romans *Die Blechtrommel* wurde Grass als „altmodisch" bezeichnet, zu einer Zeit, in der er nicht nur als Anarchist, sondern als ein besonders rüder Avantgardist angesehen und attackiert wurde. Grass selbst hat sich zweimal altmodisch genannt, um darzulegen, dass er sein Schaffen nicht als unabhängig von aller Literaturgeschichte verstehe, sondern als auf sie bezogen und nur verständlich vor ihrem Hintergrund. Ein in persönlicher Erfahrung und anhaltender Lernbereitschaft verankertes

---

[26] Siehe oe1.orf.at/artikel/340075 (Zugriff: 14.05.2013)

Geschichtsbewusstsein kennzeichnet die Hervorbringung des Erzählers, Geschichteschreibers, Dramatikers, Redners, Zeichners Grass ebenso wie die Intensität seiner Erfindungskraft, seiner Wahrnehmung und seine Phantasie. Grass war nie ein Schriftsteller, der auf das Neue in der Literatur selbst gesetzt hat, sondern es ging ihm um Inhalte, die Gegenstände, wobei ihm die Reflexion des Sachverhaltes unwichtig war. In Überlegungen dieser Art hat der Schriftsteller eine allzu bequeme Möglichkeit zur Ausflucht gesehen und sie deshalb misstrauisch verworfen, wie dies schon im frühen Aufsatz *Der Inhalt als Widerstand* zum Ausdruck kommt.[27]

Günter Grass ist es mit unvergleichlichem Realitätssinn immer wieder geglückt, durch intensive Zuspitzung altmodischer Praktiken dennoch ganz zentrale Themen in den Blickpunkt zu holen, um nicht nur Literatur als sie selbst voranzubringen, sondern auch die in den Köpfen der Menschen fest eingeschriebenen Wahrnehmungsweisen für Realität durchlässiger zu machen. Dies gelingt Grass, der in „nachgerade altmodischer" Beherrschung des Metiers demonstriert, dass viele der überlieferten Methoden auch aktuell Funktion behalten, und dass die Geschichte der Literatur auch in dieser Hinsicht noch nicht tot ist.[28]

So war Grass immer ein Probierer, immer jemand, der mit seinen Materialien nicht vorurteilsvoll, nach immer schon vorgefassten Plan, sondern spielend, abwartend, suchend umgeht. Er lässt sich von Wahrnehmungen und Vorstellungen und den Bezügen zwischen ihnen locken, anregen, führen, statt ihnen nur vorgefasste Meinungen aufzuzwingen. Nicht der Gedanke an die höhere, ja divinatorische Bedeutung des Wortes drängt sich auf, sondern eher der Gedanke an Handwerk, Werkstatt und sogar Gewerkschaft, an das, was die Hände tun beim Schreiben und Zeichnen, wie sie spielen, suchen, ändern. Grass

---

[27] Vgl. Vormweg, Grass, S. 121.

[28] Vgl. ebd., S. 122f.

treibt keinerlei Kult ums sog. „Schaffen", da er als Schriftsteller, als Künstler Selbstbewusstsein und Sachlichkeit genug hat, sich nicht verlocken zu lassen von all denen, die ihn durch Erhebung zum Ausnahmekönner isolieren möchten. „Ein aus Gründen weltberühmter Schriftsteller und Künstler, der darauf besteht, ein Handwerker und kleinbürgerlicher Demokrat zu sein und der Alltagsvernunft das Wort zu reden, der sich weder auf den linken noch auf den rechten Parnaß heben lassen will, ist wohl in der Tat eine Zumutung. Eine nützliche allerdings. Ein altmodischer Schriftsteller. Aber auch ein in die Breite wirkendes produktives Ärgernis. Auch ein Entdecker und Veränderer."[29]

„Die Plebejer proben den Aufstand"

Schon am Tag nach dem Mauerbau, am 14. August 1961, hatte Günter Grass in einem offenen Brief an die DDR-Schriftstellerin Anna Seghers gefordert, dass sie als schwache und starke Frau ihre Stimme erheben und gegen die Panzer, gegen den gleichen, immer wieder in Deutschland hergestellten Stacheldraht anreden möge, der einst den Konzentrationslagern Stacheldrahtsicherheit gab; er selbst aber will nicht müde werden, in Richtung Westen zu sprechen. Und zwei Tage später hatte Grass in einem offenen Brief an den DDR-Schriftstellerverband geschrieben, dass sie, wenn westdeutsche Schriftsteller vor einem autoritären Klerikalismus in der Bundesrepublik warnen, dann genau so die Pflicht hätten, das Unrecht vom 13. August (Tag des Mauerbaus) beim Namen zu nennen. Es sind in diesen Briefen Ankündigungen, ja Versprechen enthalten, welche er nach der Beendigung seiner *Danzinger Trilogie* nicht vergessen hatte.[30]

In einer Rede, 1964 in der Berliner Akademie zum 400. Geburtstag Shakespeares vorgetragen unter dem Titel *Vor- und Nachgeschichte der Tragödie des Coriolanus von Livius und Plutarch über Shakespeare bis zu*

---

[29] Vormweg, Grass, S. 125.

[30] Vgl. ebd., S. 81f.

Brecht und mir, fand Grass immer andere Argumente gegen Bertold Brechts Coriolan-Bearbeitung und für eine weitere, aktuelle Variation des Stoffes (Coriolanus war der Sage nach ein römischer Held und Feldherr, dessen Stolz, Unverstand und Starrsinn zu Auseinandersetzungen mit den Plebejern führte, aus Rom verbannt wurde und daraufhin einen Krieg gegen seine eigene Heimatstadt, den er erst auf Bitten seiner Mutter abbrach, führte). So meinte er, dass Brecht diese bis heute virulente Tragödie, bei der es um die sich wandelnde Beziehungen zwischen Adel, Patrizieren und Plebejern, zwischen den Klassen der Besitzenden und der Gesichtslosen sowie ihrer aller Verhältnis zum Heldentum geht, in den Jahren 1952 bis 1953 bearbeitet hatte, in die auch das fatale Datum des 17. Juni 1953 fiel – der Arbeiteraufstand in der DDR. „Während sich Brecht, von Livius gestützt, den Kopf zerbrach, wie er Shakespears nur mit Knüppeln bestückte Plebejer zu Beginn des Aufstandes schlagkräftiger bewaffnen könnte, erhoben sich, ungeprobt und unbewaffnet, die Bauarbeiter der Stalinallee, um gegen die erhöhten Normen zu protestieren wie dazumal die Plebejer gegen den unerschwinglichen Kornpreis."[31]

Grass sah darin den Stoff für ein Theaterstück, das *Die Plebejer proben den Aufstand* heißen und Ort der Handlung eine Probebühne in Ostberlin sein könnte. Demnach sollte dieses Stück von jemanden handeln, der, von seinen Assistenten und den Schauspielern als „Chef" bezeichnet, Coriolanus probt, die erste Szene, den Plebejeraufstand, und verhindern möchte, dass diesem Aufstand etwas traurig Lächerliches und Vergebliches anhafte. Vorstellbar, und Grass malte es vorausschauend aus für das Stück, das er nun schreiben wollte, dass der reale Aufstand in das Theater des Chefs einfließt und dass die Plebejer des 17. Juni 1953 seine Hilfe fordern. Dem Chef kommt es darauf an, aus der Aktualität Nutzen zu ziehen für seine Coriolan-Inszenierung, für seinen Plebejeraufstand. Die Bauarbeiter erläutern die Normenerhöhung, während er die Bedeutung der

---

[31] Vormweg, Grass, S. 83f.

sizilianischen Getreidelieferungen für Rom betont. Die Arbeiter zitieren ihn und berufen sich auf Marx, während er Shakespeare zitiert und sich auf Livius beruft. Die Arbeiter wollen ihn für den Aufstand gewinnen, er benützt sie für die Inszenierung des Plebejeraufstandes. So siegen beim Chef die Plebejer, während auf der Bühne des Theaterchefs, die den Aufstand der Bauarbeiter spiegelt, der Arbeiteraufstand zusammenbricht.[32]

Grass plädiert in diesem Stück gegen die auch auf der Linken übliche rein ästhetische Sicht und Wertung der von Not bestimmten politischen Kämpfe, gegen einen linken ästhetischen Egoismus, der sich immer schon im Voraus historisch gerechtfertigt sieht. So hätte der Chef mit auf die Straße gehen müssen, hätte sich dem schmutzigen Alltag ohne ästhetische Rücksichten direkt stellen müssen, nicht der Ideen und der Ästhetik sowie der Zukunft, sondern der Plebejer in Not wegen. Ob Grass das Gedicht Brechts, der darin sein Dilemma angesichts des 17. Juni empfunden und bekannt hatte, zutreffend interpretiert und Brecht zu Recht gescholten hatte, sei dahingestellt, jedenfalls wollte er sich im poltischen Alltag selbst stellen, nämlich kleine Schritte für mögliche kleine Veränderungen zum Besseren, für mehr Demokratie wagen.[33]

Resümee

Sein bisher letzter Roman *Ein weites Feld*, erschienen 1995, spielt in Berlin zwischen Mauerbau und Wiedervereinigung und ist ein Panorama deutscher Geschichte von der Revolution von 1848 bis zur Gegenwart. Das Buch wurde in der Öffentlichkeit stark diskutiert, wobei der zum geflügelten Wort gewordene Satz über die DDR „Wir lebten in einer kommoden Diktatur" eine bis heute nicht nachlassende Langzeitwirkung entfaltete. Für dieses heftig umstrittene, politisch orientierte Buch erhielt der Autor den Hans-Fallada-Preis. Grass nimmt in einem Interview mit Walter Famler und Günter Kaindlstorfer aus dem Jahre

---

[32] Vgl. Vormweg, Grass, S. 84.

[33] Vgl. ebd., S. 84f.

1996 Stellung zu seiner Sichtweise über die DDR, das in der Literaturzeitschrift *Wespennest* veröffentlicht wurde, und wird nun sinngemäß wiedergegeben: Nehmen wir einen Satz die DDR betreffend *Wir lebten in einer kommoden Diktatur*. Der ist mir als Satz hinterher um die Ohren geschlagen worden. Nur, das geht auf ein Fontane-Zitat zurück, das bezieht sich auf das Kaiserreich Wilhelms II., auf einen Brief Fontanes an Emilie, seine Frau, und dort klagt er beredt und zornig über die Verkommenheit des preußischen Adels, über das parvenuehafte Gebaren der Bürger, über alles, was ihn an seiner Zeit geärgert hat, und dann, in typisch fontanischer Art, relativiert er das Ganze und sagt: "Und trotzdem müssen wir sagen, wir leben in einer kommoden Diktatur." Und jetzt ist meine Meinung dazu, wenn man sich mit mir über diesen Satz auseinandersetzen will, wenn ich die DDR-Verhältnisse in Vergleich bringe zu den Verhältnissen, wie sie in der Sowjetunion die längste Zeit herrschten, oder in Rumänien bis zum Schluss herrschten, oder in Chile herrschten, oder im Obristen-Griechenland, dann ist die DDR eine relativ kommode Diktatur gewesen. Sie blieb eine Diktatur dadurch, aber das reicht nicht, es gibt eine Mentalität, die sich in einem Teil dieser Kritiken ausgesprochen hat, die den Sieg, den man meint errungen zu haben, noch größer sehen möchte. Also muss der am Boden liegende Gegner, der zum Teil schon verschwundene Gegner, nachträglich noch gefährlicher gemacht werden, um den eigenen Sieg zu vergrößern. Im Grunde ist das ein sehr komischer und alberner Vorgang.[34]

Meines Erachtens ist das Bild des Günter Grass über die DDR positiv im Vergleich zu anderen Diktaturen in Europa, wobei aber nicht die Tatsache übersehen werden darf, dass viele DDR-Bürger schlimmen Repressionen seitens der Staatsmacht unterzogen worden sind. Daher versuchten nicht wenige nach Westberlin zu entkommen, wobei es über die Anzahl der Todesopfer an der Mauer unterschiedliche Angaben gibt. Nach Erkenntnissen des staatlich

---

[34] Siehe www.kaindlstorfer.at/index.php?id=221 (Zugriff: 01.05.2013)

geförderten Forschungsprojekts am *Zentrum für Zeithistorische Forschung* (ZZF) gab es mindestens 136 Maueropfer, darunter 98 Flüchtlinge aus der DDR, 30 Personen aus Ost und West, die ohne Fluchtabsicht verunglückten oder erschossen wurden, und acht im Dienst getötete Grenzsoldaten. Nicht zu den eigentlichen Maueropfern zählt das ZZF die Menschen, die bei oder nach den Grenzkontrollen eines natürlichen Todes (hauptsächlich durch Herzinfarkt) starben. Mindestens 251 solcher Fälle sind bekannt. Die *Arbeitsgemeinschaft 13. August* ging im Jahre 2009 von 245 Maueropfern und 38 natürlichen Sterbefällen aus.[35] Diese Zahlen sprechen Bände und eine „kommode" Diktatur schaut meiner Meinung nach etwas anders aus.

Im Jahre 2012 verhängte der Staat Israel ein Einreiseverbot gegen Günter Grass aufgrund seines israelkritischen Gedichtes *Was gesagt werden muss*, in dem er geschrieben hatte, dass die Atommacht Israel den Weltfrieden bedrohe und das iranische Volk mit einem Erstschlag auslöschen könne. Der Schriftsteller hat das gegen ihn verhängte Einreiseverbot als "Zwangsmaßnahme" bezeichnet, die an DDR-Methoden erinnere. „Zuvor sei ihm zweimal die Einreise in ein Land verboten worden, nämlich in die DDR und Ende der 1980er Jahre nach Birma", schreibt er in einem kurzen Text in der Süddeutschen Zeitung mit der Überschrift *Damals wie heute – meine Antwort auf jüngste Beschlüsse*. „In beiden Fällen wurde die in Diktaturen übliche Praxis vollzogen", schreibt er weiter und fügt hinzu: „Jetzt ist es der Innenminister einer Demokratie, des Staates Israel, der mich mit einem Einreiseverbot bestraft und dessen Begründung für die von ihm verhängte Zwangsmaßnahme (dem Tonfall nach) an das Verdikt des Ministers *Mielke* erinnert." Erich Mielke war in der DDR Chef der Staatssicherheit.[36]

---

[35] Siehe de.wikipedia.org/wiki/Todesopfer_an_der_Berliner_Mauer (Zugriff: 02.05.2013)

[36] Siehe www.zeit.de/politik/ausland/2012-04/grass-israel-einreiseverbot (Zugriff: 15.05.2013)

Literatur:

- Neuhaus, Volker: Günter Grass. Schriftsteller – Künstler – Zeitgenosse. Göttingen 2012.
- Vormweg, Heinrich: Günter Grass. Reinbek bei Hamburg 1986.

Internetquellen:

- http://oe1.orf.at/artikel/340075
- http://www.kaindlstorfer.at/index.php?id=221
- http://de.wikipedia.org/wiki/Todesopfer_an_der_Berliner_Mauer
- http://www.zeit.de/politik/ausland/2012-04/grass-israel-einreiseverbot
- http://www.sueddeutsche.de/politik/guenter-grass-und-die-ddr-der-falsch-verstandene-1.13870